nexos

Unidad Necesaria

Cuando nos planteamos un encuentro de arte entre la comunidad de artistas visuales transnacionales dominicanas residentes en Estado Unidos, lo hice con convicción de la necesaria unidad de los dominicanos residentes en el exterior con los hermanos que residen en la isla.

Unidad que siempre ha sido necesaria, más ahora que se establecen conexiones en el orden político con nuestra comunidad de ultramar, expresada en el voto del Dominicano en el exterior y otros intentos no menos plausibles que han sido un gran paso para la relación permanente de los Dominicanos con el suelo patrio.

Es propicio también, en el orden cultural y artístico, establecer esos vínculos para reforzar nuestra Dominicanidad. Así surge el nombre "NEXOS" para designar una muestra colectiva entre artistas visuales docentes de la facultad de artes de la Universidad Autónoma de Santo Domingo (UASD) y artistas Dominicanos residentes en Estados Unidos.

NEXOS es pues, relación, es asociación, es unión, es vinculo de dos comunidades de igual cultura viviendo en territorios diferentes.

Hemos reunido 36 artistas Dominicanos de diferentes generaciones pictóricas para abordar por primera vez este intento de vínculo, de NEXOS de los dominicanos de aquí y los dominicanos de allá.

Boricua College, con su alto espíritu de cooperación, nos ha cedido su gallería para que esta exposición pueda llevarse a cabo, lo cual agradezco con regocijo.

Quiero dar gracias al ministerio de Cultura en la persona del Sr. Ministro Lic. José Rafael Lantigua, que como siempre ha apoyado sin reservas los proyectos de gestión cultural del Comisionado Dominicano de Cultura en los Estados Unidos.

Gracias también a la Universidad Autónoma de santo Domingo y su rector Dr. Mateo Aquino Febrillet por su apoyo resuelto a esta exposición.

Es justo resaltar el gran trabajo de organización del Profesor Lic. Gregorio Gómez quien coordino los artistas residentes en la Republica Dominicana y al maestro Ismael Checo quien hizo con los artistas residentes en los Estados Unidos.

Gracias a todos los asistentes a esta muestra, aquí tenemos un segmento de nuestra patria Dominicana.

Carlos Sánchez

Comisionado Dominicano de Cultura en los Estados Unidos

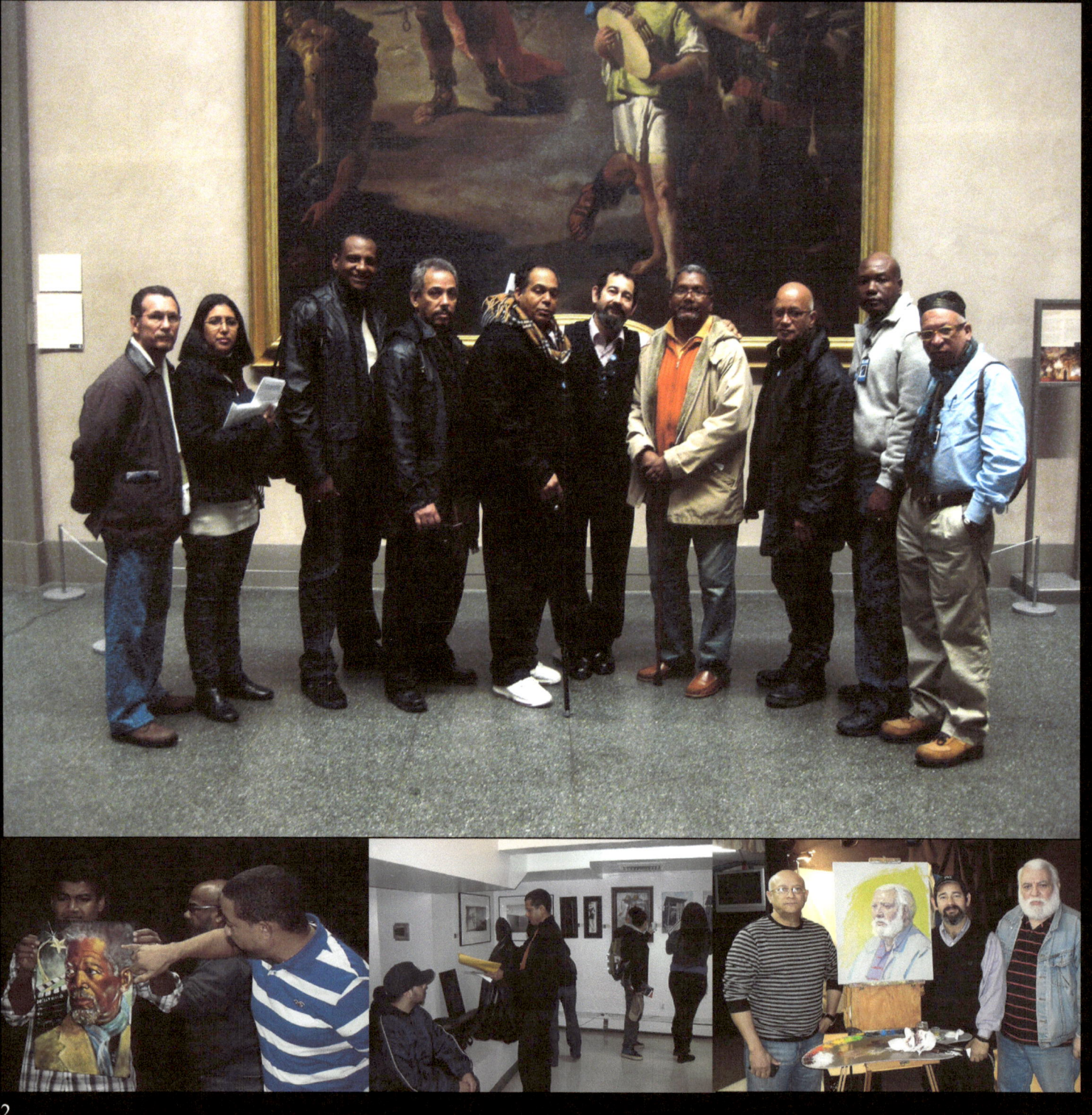

Incisiones de la Perseverancia:

El Nuevo Arte Dominicano

Por: Alexis Mendoza

El Nuevo Arte Dominicano se ha extendido desde la década del 80 del siglo pasado hasta el presente, marcando regularidades que lo identifican como movimiento, con momentos de continuidades y de rupturas, auges y crisis, que conllevan un indeciso pronóstico sobre su prolongación bajo ese espíritu renovador que le permitió el calificativo de "Nuevo". Si las líneas creativas que lo identifican: la sociológico-crítica, la antropológica y la vernácula-kitsch se sostienen en la actualidad, pueden ser diversas las posibilidades de ordenamiento del movimiento, en la búsqueda de sus constantes estilísticas y de su historia, para comprender desde el análisis crítico y los órdenes históricos, la figura del artista como un productor de significado cultural.

Bajo las principales tendencias que el arte dominicano ha adoptado: la conceptual, la minimalista, la expresiva, la realista y la neohistórica, se han tejido interrelaciones que marcan una diversidad de posibilidades intertextuales. Estas, junto al carácter del artista como productor y reproductor del acervo cultural, determinan la orientación de un proceso artístico que con gran tino ha sabido conjugar los aportes del lenguaje internacional del arte, junto a la riqueza y diversidad de ese acervo cultural, de la vida social contemporánea y de la habilidad para que lo tradicional sea presente. Es importante para que la evaluación de su situación en el presente no se sostenga en impresiones, estados de ánimo o afirmaciones extremas que le anuncian una continuidad favorable o un estado de crisis. En mi consideración, es evidente que la persistencia de un ambiente cultural que le confería al movimiento seguridad en sí mismo y confianza en el apoyo de la comunidad artística ante los actos de desobediencia, así como los enormes estragos que han producido las emigraciones y la disminución del papel activo desempeñado por la reflexión y la crítica, en función de las demandas creativas, son factores que ofrecen más de una justificación para los escépticos.

La naturaleza del presente exige replanteamientos que corresponden a campos de estudios que ayudan a comprender las características y pormenores de una cultura homogénea y de los sujetos bi-culturales y diaspóricos que la habitan. Sin embargo un aspecto positivo dentro de las evoluciones del arte dominicano es que en muchas ocasiones se dispersan dentro de lo local, no logramos identificar cuando el arte representado es de un artista local o de un artista visitante, ya que los flujos de las localidades son difíciles de identificar o de reconocer, dado que son emanaciones de lo multicultural, lo transcultural y lo intercultural.

La importancia del referente transcultural o del intercambio intelectual, en el marco del Nuevo Arte Dominicano, no radica solo en el hecho de ser parte importante del acontecer de la memoria social, o de significar aquellos espacios en los que se inscriben los datos de la realidad sociocultural, sino sustancialmente, en haber servido de contexto a una perspectiva valorativa que indaga sobre los sucesos y conmociones más intensos que integran las contradicciones sociales, en sus zonas ocultas, en sus espacios subliminales o intersticiales.

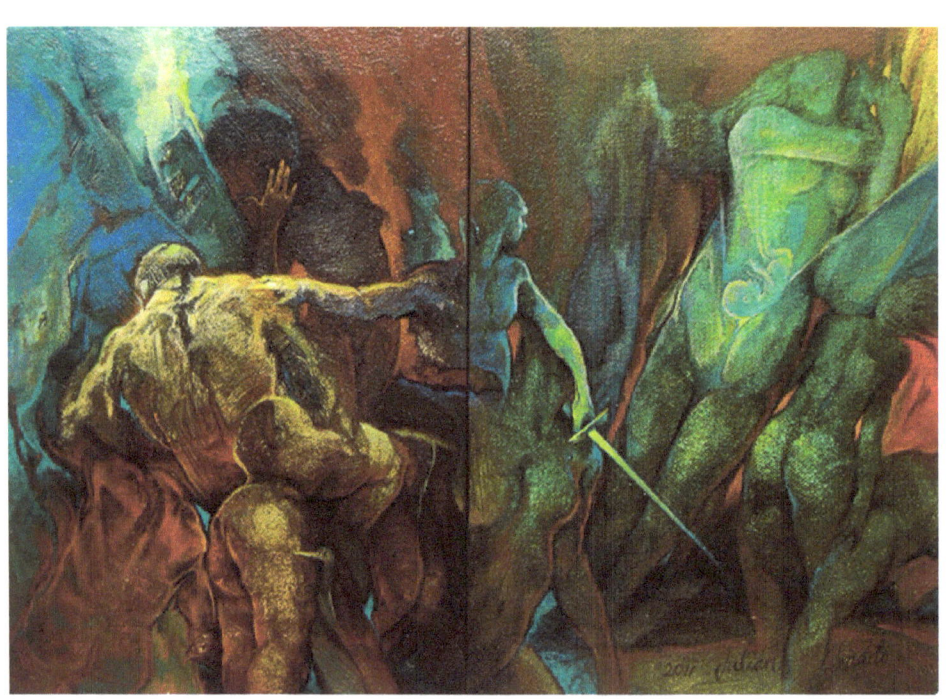

Julian Amado

Bajo esta perspectiva se destacan, en un sentido aquellos artistas que utilizan la metáfora, lo tradicional, conjuntamente con filosofías de carácter simbólico de identidad, como un dato de referencia, para penetrar otros conflictos, así se nos presentan la obra de Dionisio de la Paz, Carmen Cordero, Francisco de Jesús Mata Lima, Ismael Checo, Delsa Camacho, Johnny Jiménez y Luanda Lozano, en la obra de estos artistas, uno de los propósitos fundamentales de su labor creativa se ha centrado, en sacar del espacio bidimensional lo que esconden sus paralelismos temporales y sus historias cruzadas.

4

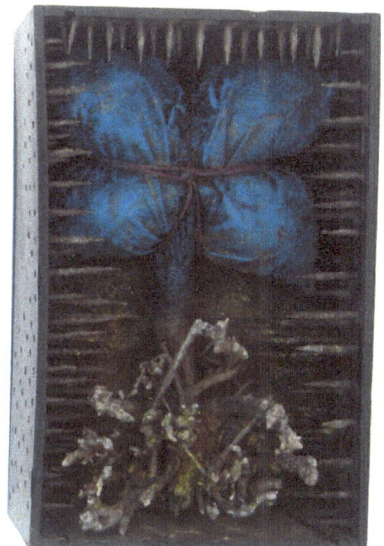

Diogenes Abreu

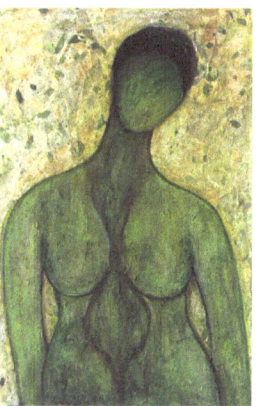

Delsa Camacho

Francisco Mata

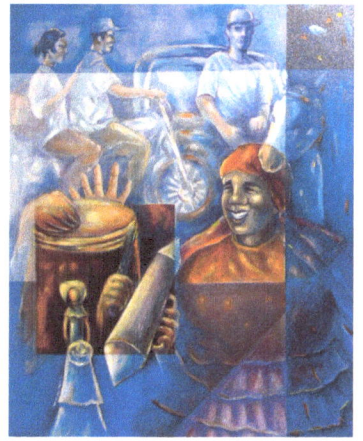

Reynaldo Garcia Pantaleón

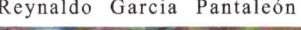

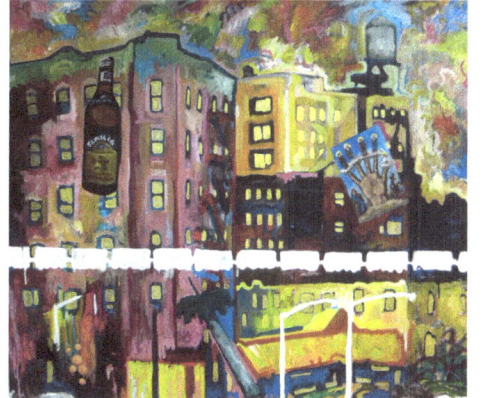

Combinando diferentes perspectivas y un juego semántico que activa la presencia de aquellos elementos físicos y de las subjetividades, teniendo en cuenta sus ontologías en el presente, cuando son a su vez una prolongación del pasado. Francisco Mata y Dionisio de la Paz, buscan con el regreso a lo simplemente figurativo una nueva comunicación con la realidad circundante. Los objetos cotidianos, en este caso, se vuelven elementos rituales de una nueva estética y su planteo como motivo de una obra nos hace ver facetas prácticamente ocultas de su significado visual. Ismael Checo es precisamente uno de los artistas que obedeciendo a la coherencia de un trabajo limpio y riguroso como lo viene desarrollando desde hace más de veinte años, se detiene ahora en la simplicidad de las frutas y los utensilios de cada día para acercarnos a la intimidad de sus pinturas. Los trabajos que aquí presenta como fruto de esta nueva etapa nos transportan a cierta nostalgia de Renacimiento, pero nos acercan también al inquietante dominio del realismo fotográfico. La estricta simplicidad de las composiciones adoptadas por Ismael permiten gradualmente la sugestión de cada uno de esos objetos que, de tanto ser vistos, son como si ya no guardaran secreto: una naranja, un trozo de papel, una simple vasija de uso cotidiano nos muestran, entonces, la riqueza de su forma, su lugar en el espacio, su incidencia en los bodegones accidentales de los que vivimos rodeado. Y el apropiado existencial, entre todas estas cosas, con la presencia que va más allá de su reiterativo rol folklórico dominicano.

Delsa Camacho acecha a las cosas, las merodea y espía, las enfoca con cuidado y termina por reflejarlas minuciosamente buscando, quizás, atrapar su realidad, esquiva y burlar la trampa del tiempo o tal vez busque lo contrario, oponer la vulnerabilidad al trazado exacto de las apariencias, nombrar la fugacidad a través de la fijeza engañosa de formas demasiado nítidas, tratando de captar

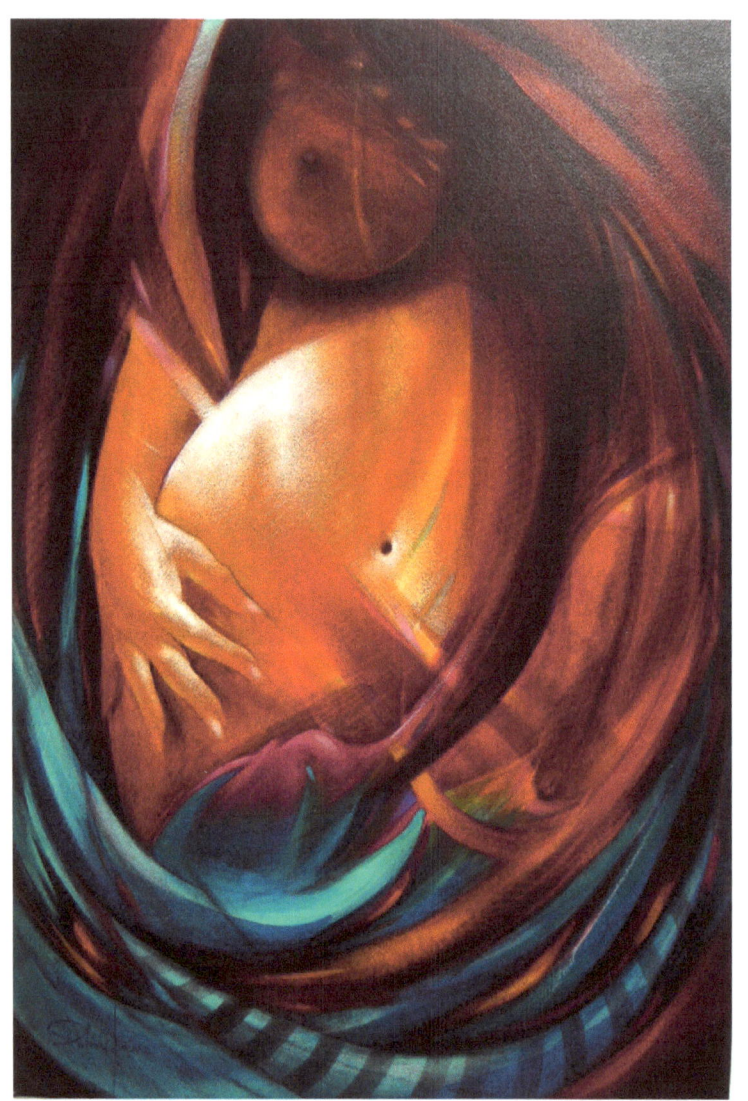
Johnny Jiménez

la realidad interna de los cuerpos, la textura de sus cuadros se siente, se respira como algo que es parte de una idea previa a la ejecución. Tal confraternidad de imágenes enfrentan al espectador a la posibilidad de sintetizar, tras la metáfora visual. Así es el caso de la obra de Johnny Jiménez, desde una perspectiva neoconceptual, su propuesta logra acercarse a la analítica del discurso artístico armando una visualidad que se inserta en lo abstracto. Los elementos son utilizados por sus posibilidades expresivas, para que una vez intervenidos reciban un nuevo valor estético que pretende embellecerlos, cuando se ha colocado la obra en la superficie del espacio elegido. En esta ocasión, el dato es puramente visual, su significado cobra importancia al entrar al mundo del arte por una elección, que subrepticiamente llama nuestra atención sobre el enlace de esos elementos en la composición. Sin que sea posible establecer divisiones absolutas, los matices de los acercamientos al tema de la identidad como metáfora de la propia vida, permiten una diferenciación que enriquece las posibilidades del arte para cumplir con funciones extraestéticas, como sucede en le caso de la obra de Carmen Cordero y Luanda Lozano, el propósito de gran parte de la labor creativa de estas dos artistas, quienes se caracterizan por la agudeza y profundidad de sus discurso visual, se fundamenta en esa misma tradición, que hostigan por descubrir las expresiones de los elementos de carácter nacionalista. En ellos, la metáfora se construye sacando a la superficie los comportamientos que dejaron su huella en la conciencia colectiva, como rituales de la convivencia, de las costumbres, los hábitos y las creencias.

Quizá lo cierto es que en el arte actual dominicano, la fidelidad de la representación remite, no siempre enseguida, a esa distancia instalada entre

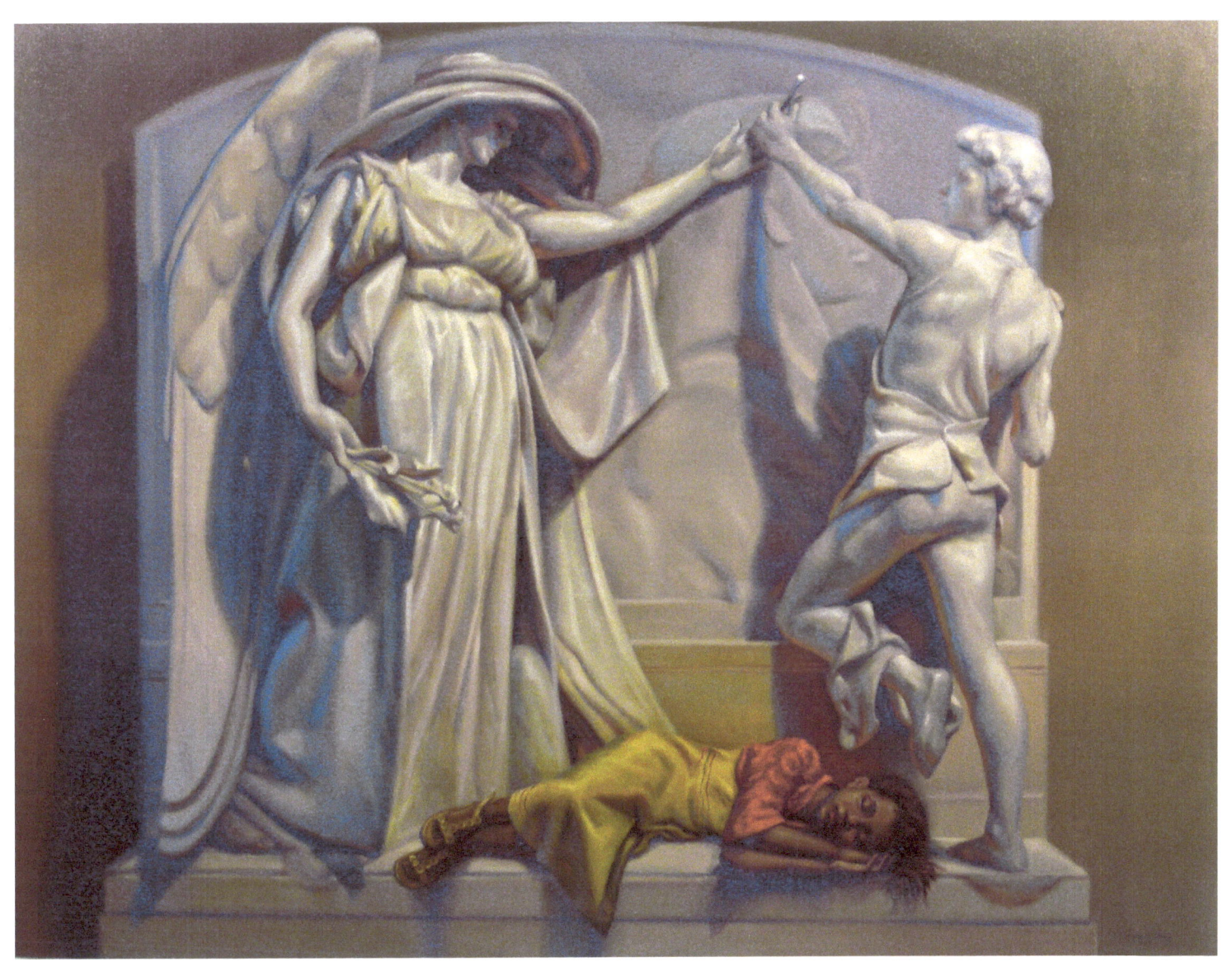

Ismael Checo

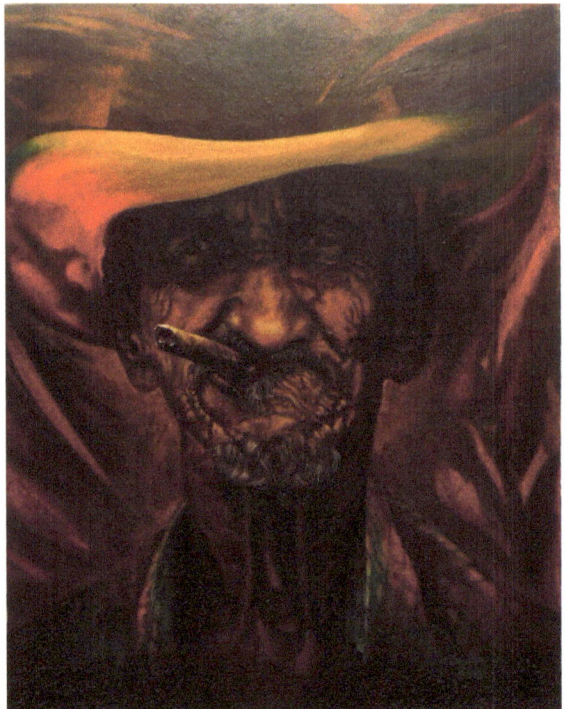

Maxy Israel Nelson

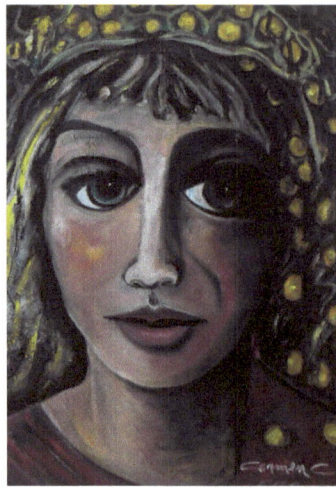

Carmen Cordero

la cosa y su imagen, entre el tiempo natural de "la realidad" y la extraña anacronía de los símbolos. Para recorrer el rodeo que requiere esa distancia, o simplemente para iniciar el acercamiento cauteloso hacia el objeto de su atención primera, la obra se apoya en una cierta dirección icónica de nuestro medio señaladas en obras como las de Lizandro Orozco, José Sejo, Scheresada García, José Medina, Traboux Félix Manuel Antonio, Maxy Israel Nelson, Ramón Peralta y Román Castillo, ellos nos presenta la realidad en determinados momentos y en circunstancias que aún siendo partes de ella, le permiten potenciar sus significados. Sin retoques ni convenciones visuales, coquetean con los sentidos sociales consagrándolos, conociendo que aquellos que ha elegido tienen un valor particular en las circunstancias del presente del arte y el significado de las artes.

Por ejemplo el trabajo de Maxy Israel Nelson y de Ramón Peralta inscriben sus imaginaciones dentro de una tendencia que, a partir de la figuración más o menos directa, señala brevemente el límite impuesto por la opresión, el desgaste o el conflicto, los papeles rotos y los frutos heridos, el lienzo manchado y las ataduras se conectan tanto con el intento de subrayar las señas de la erosión en imágenes aparentemente sustraídas al devenir, como - mucho más indirectamente -con cierta poética de la negación que alude al drama del deterioro y a la presión destructiva del tiempo. Expuestos obviamente

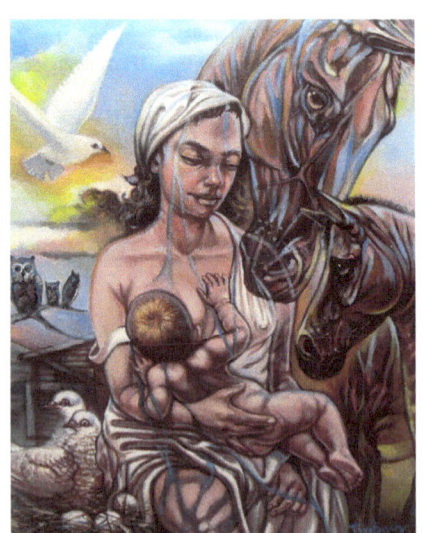

Manuel Traboux

8

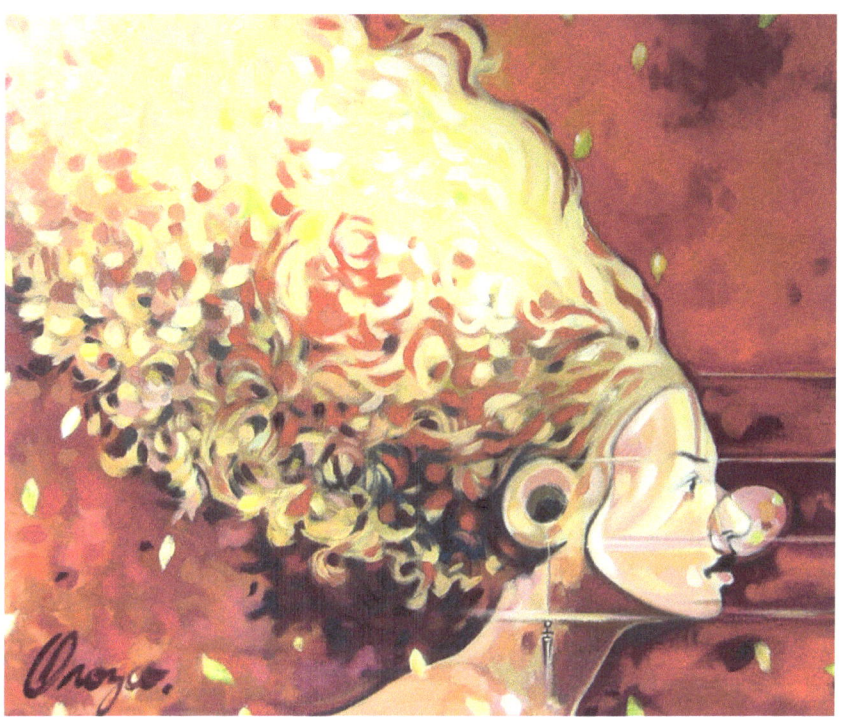

Lizandro Orozco

ante el espectador los objetos más triviales pueden dar pistas acerca de vínculos ocultos y de silencios siempre que puedan recoger y devolver la inquietud del asombro de una mirada intensa. Y es a partir de estos supuestos que Ramón levanta el inventario de su propia imaginación buscando despertar preguntas acerca de la destrucción o la permanencia, la condena de los seres vivos y la eternidad ideal de las personas representadas en el formato. Por eso, más allá del virtuosismo hiperrealista de Maxy Israel, la observación aplicada o el efecto cierto, sus obras apuntan a sugerir de sesgo el brillo efímero o la sombra no pintada que puede proyectar cualquier objeto apremiado por las razones secretas de la forma. El procediendo intertextual, los juicios analíticos de los valores estéticos, las opciones éticas, el estudio de las características que cobran las pulsiones entre tradición y contemporaneidad, el valor del sedimento cultural, la vitalidad de lo vernáculo, de la cultura popular, son elementos a considerar en la obra de Manuel Traboux y de Román Castillo, estos artistas para dibujar las vías estético-artísticas y aproximarnos a las regularidades que evidencia la corta historia del movimiento.

Las obras que analizo en este ensayo se encaminan en una reflexión que es afín al carácter renovador del Nuevo Arte Dominicano.

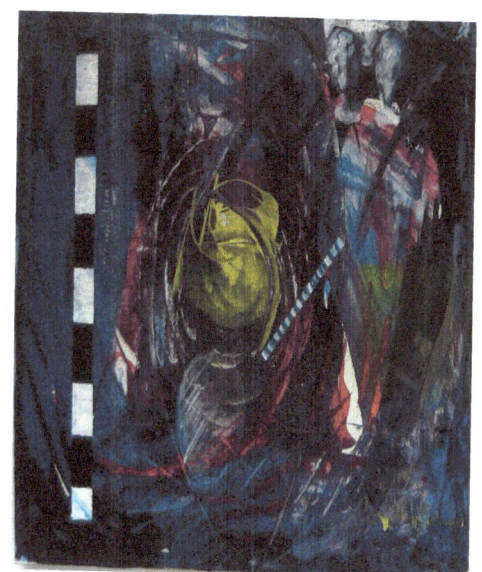

Juan Medina

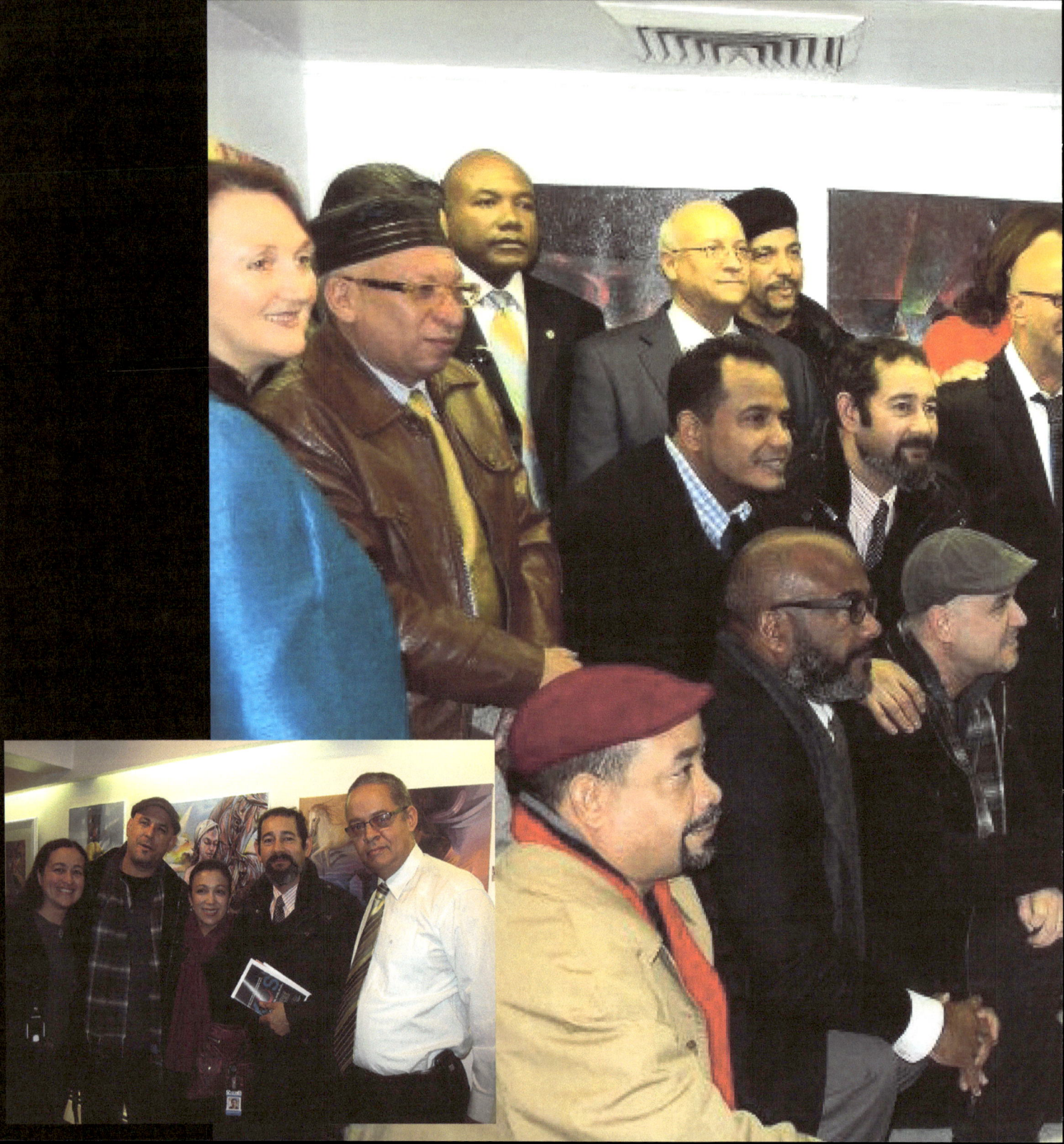

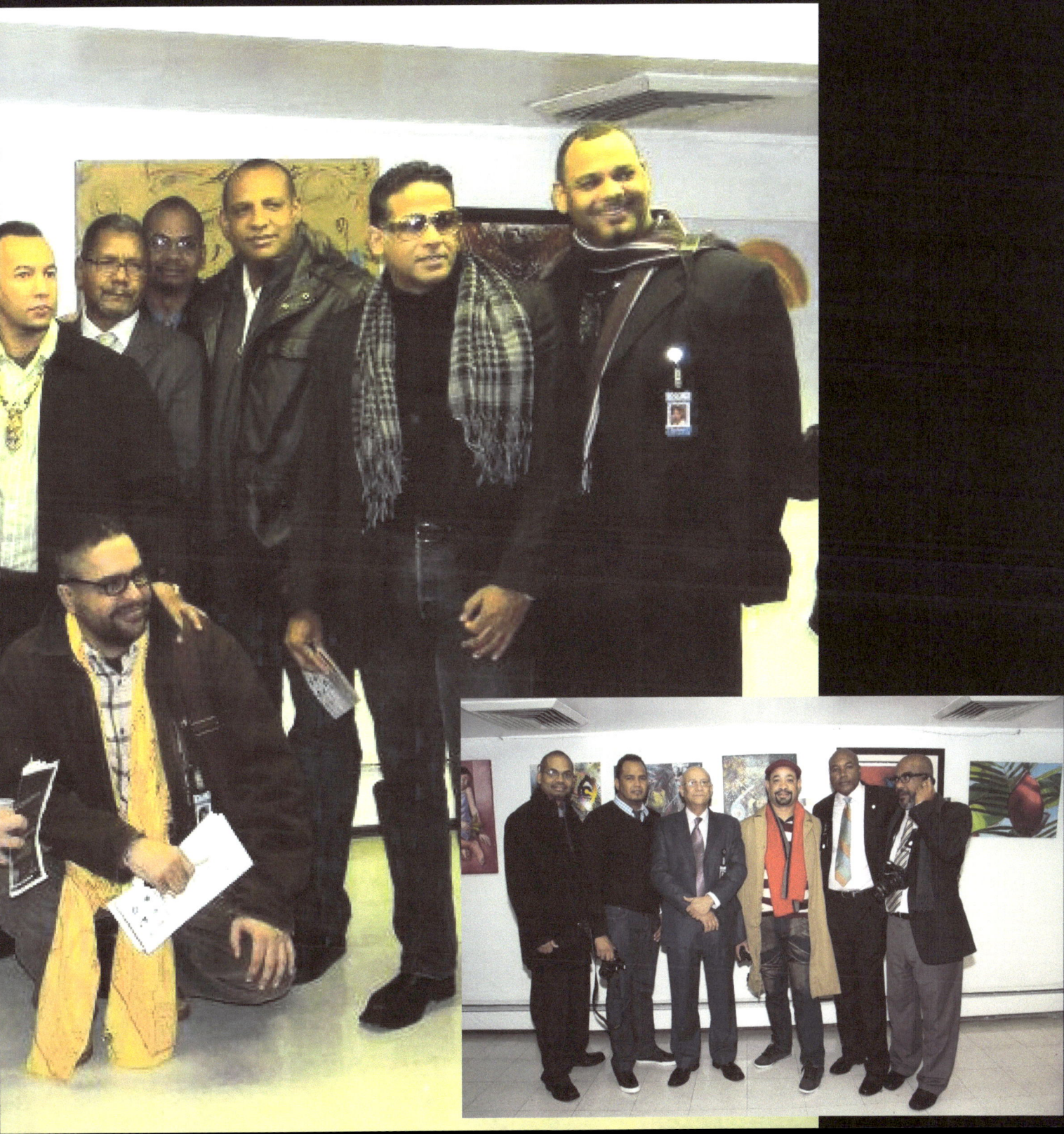

Dentro de todas las variantes mencionadas anteriormente, buscando una cualidad constructiva a modo de hilo de engarce, privilegio el procedimiento intertextual, dado que con su auxilio, entre otros factores, se pueden argumentar más solidamente las deconstrucciones, las parodias y las citas, los forcejeos entre tradición y contemporaneidad, procedimientos que enriquecen los tejidos intertextuales que conforman las obras de Scheresada García, también podemos acercar este análisis a la obra de José Medina que ha logrado crear una nueva forma de realismo pictórico llevado a sus extremas consecuencias, un figurativismo que al acentuar casi paroxísticamente las dimensiones bidimensionales de su representación y sustituyéndola por una nueva visión, se diría por una nueva concepción del mundo, que hace de cada cuadro una escena fantasmagórica. Por su parte José Sejo refleja virtuosismo por momentos alucinante, de sus obras al reproducir con pulcritud geométrica las formas del modelo, encubre su naturaleza, la trasciende, la cambia y la transforma en una presencia que está ahí, como otra realidad que no se ve pero que espejea la imagen de una dimensión desconocida, Lizandro Orozco por otro lado masteriza la belleza de sus imagines, herméticas nos observan rostros invisibles sollozando de desesperación al no poder atravesar la distancia infinita que separa la imagen del espectador, o arrojándonos mecas de salvaje ironía porque esos rostros están fuera del alcance de los plazos mortales, de la caducidad que el tiempo impone a la belleza.

El arte dominicano, como modelo de arte periférico, asume la tradición como presente y tiene en el acervo cultural, en la cultura popular y en las tradiciones vivas de su cultura, una inspiración inagotable, haciendo

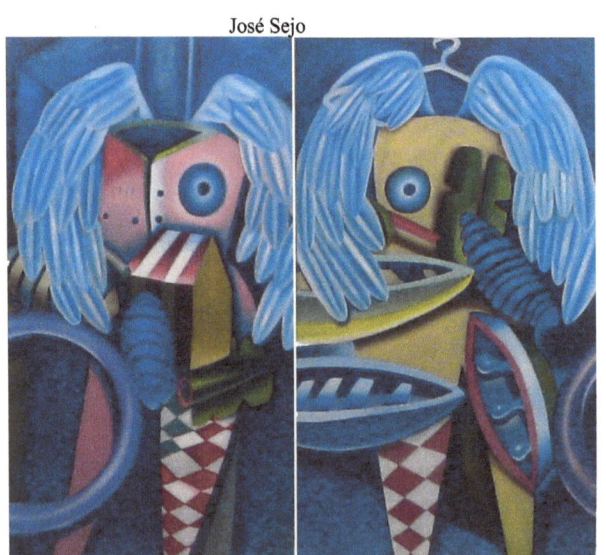

José Sejo

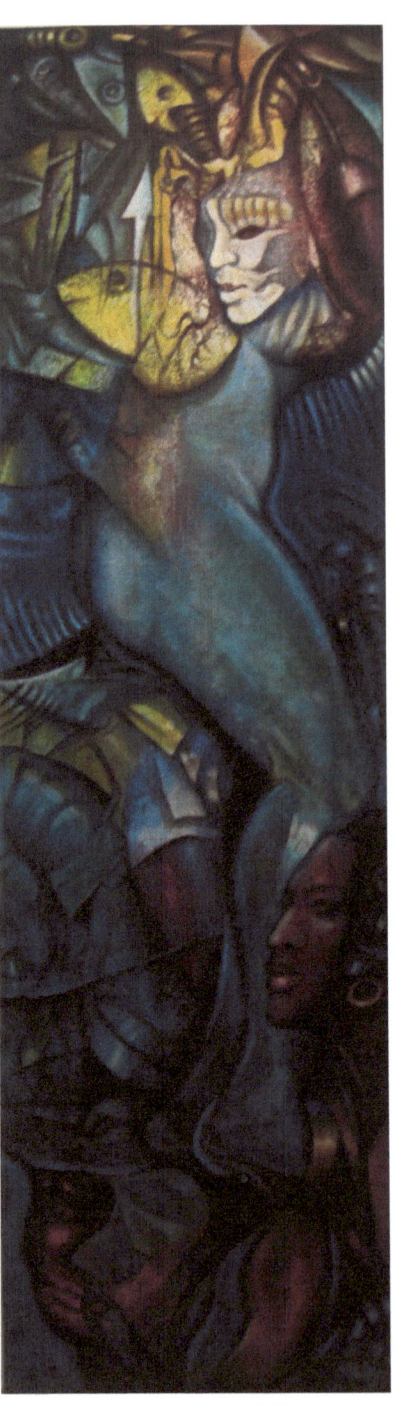

Gabino Rosario

12

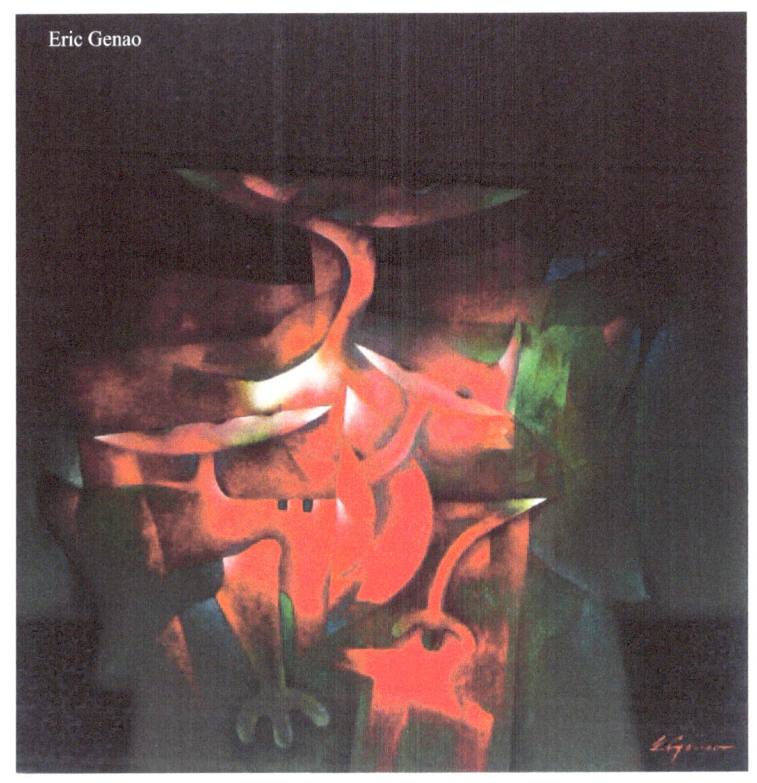
Eric Genao

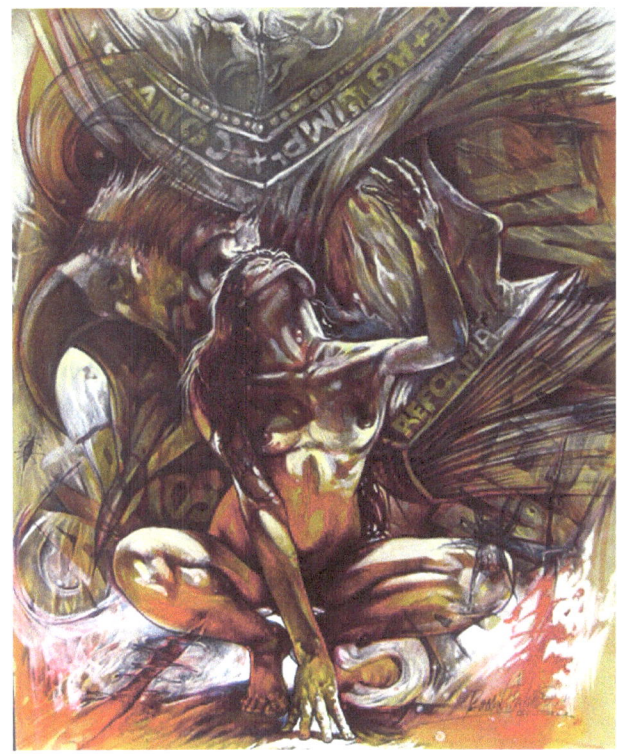
Roman Castillo

funcionar sus significados en diálogo con los presupuestos constructivos del lenguaje internacional del arte. La sociedad es un texto vivo y las obras se presentan como textos culturales a través de los cuales la labor documental del arte, de memoria y de reflexión cobran sentido en este entorno podemos hacer mención de la obra de Carlos Montesino, Eris Estrella, Francisco Terrero y de Roberto Germán . En el proceso artístico de las culturas las obras de arte asumen una doble condición: en un aspecto el artista es un productor de significados culturales, en otro y como corolario, el espacio de la obra es el lugar en el que se relacionan los referentes culturales convertidos en metáforas, alegorías y símbolos. Por tanto, la lectura que se realice de ellas pone en acción deconstrucciones y resignificaciones de los valores que las contienen, abriendo la posibilidad de un discurso que brota del interior de las producciones culturales mismas. Una interpretación adecuada de las obras de arte desde esa orientación cultural implica un giro discursivo acerca de la forma en la que se narra la sociedad y su cultura. Pero, se trata no sólo de lo que las obras cuentan, sino sobre todo, del tipo de discurso que emerge de sus relatos.

En este transcurrir de propósitos creativos creo conveniente hacer un análisis a la obra de artistas que por tradición trabajan el tema del terreno como lenguaje y de los espacios interiores/exteriores y sus elementos, Pepe Coronado, Iliana

13

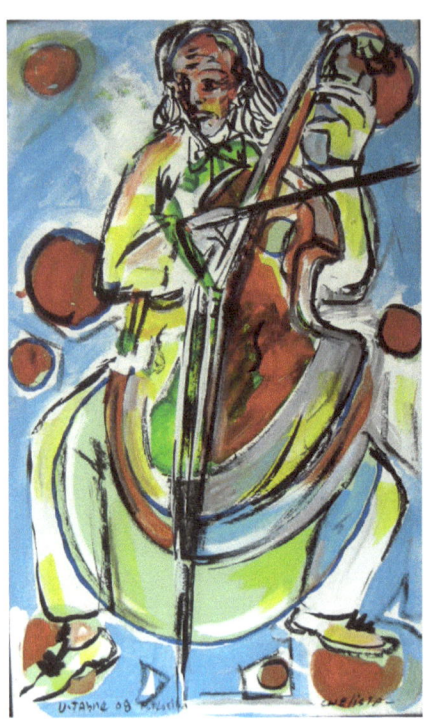

Vicente Fabré

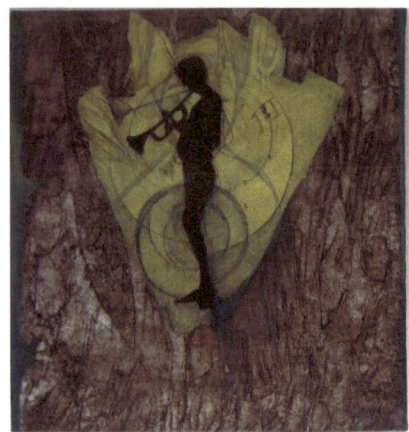

Luanda Lozano

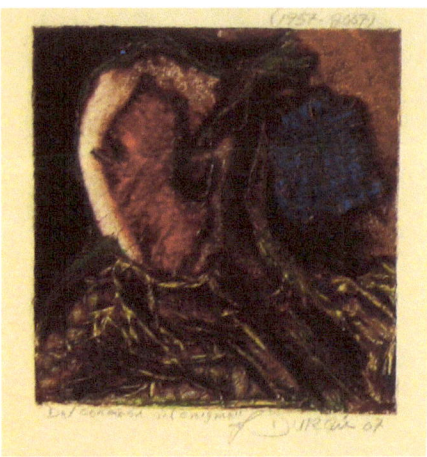

Leonardo Durán

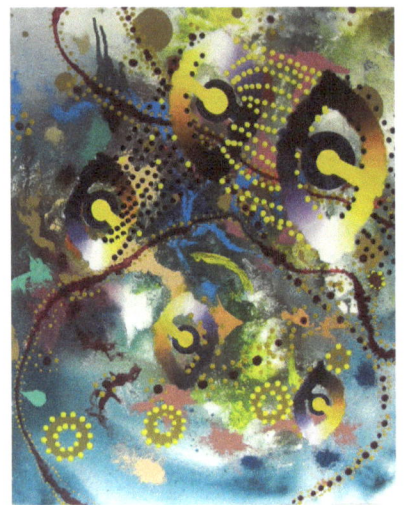

Máximo Moya

García, Luis Leonor, Ramón segura, Reynaldo García Pantaleón, Santos Méndez, Vicente Fabre', y Dio-genes Abreu apegados a la comprensión tradicional de la función documental, como hemos venido señalando, para las artes visuales. Sin embargo, aunque así se cumpla, y dentro de la tan extensa y variada producción pictórica de este corte, la realizada por este artista se afianza en una estética visual que hace corresponder imagen y realidad. La obra de Reynaldo García Pantaleón sugiere el entorno urbano resumido en la imagen, se establece un vínculo entre la ciudad, sus espacios y el sonido de determinados instrumentos musicales. Los ruidos y los sonidos de una ciudad, como sus olores, siempre son particulares. Los personajes de Santos Méndez ellos se conforman por el movimiento de la vida de sus habitantes, por sus formas de habitarla, acercándonos a sus hábitos y costumbres. Iliana Emilia que por mucho tiempo trabaja con la silla (elemento mayormente usado en interiores) como personaje centrar de su obra, ella le da vida, la transforma en elemento comunicable. Iliana Emilia aborda la teoría de la intertextualidad, fundamentando deconstrucciones que han pasado al campo del arte invadiéndolo de significados sociales, proporcionados por las subjetividades compartidas, las objetividades culturales y las nuevas territorializaciones socioculturales, entre otras. Llegando a un contexto directamente urbano nos encontramos con la obra de Ramón Segura, su obra

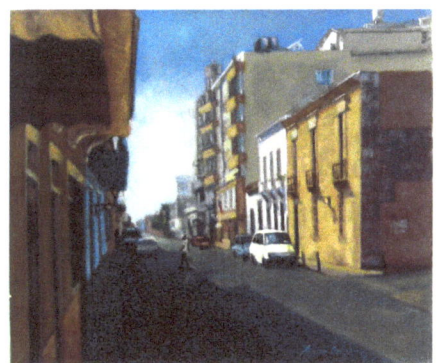
Ramón Segura

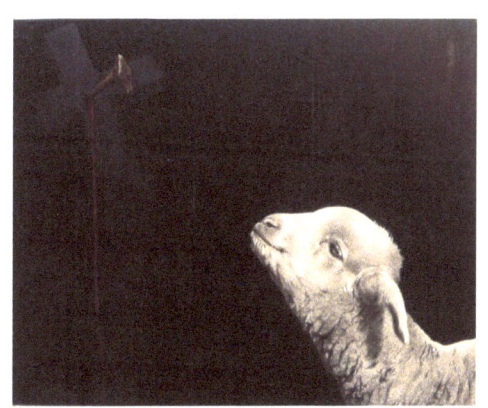
Eliosnet Vidal

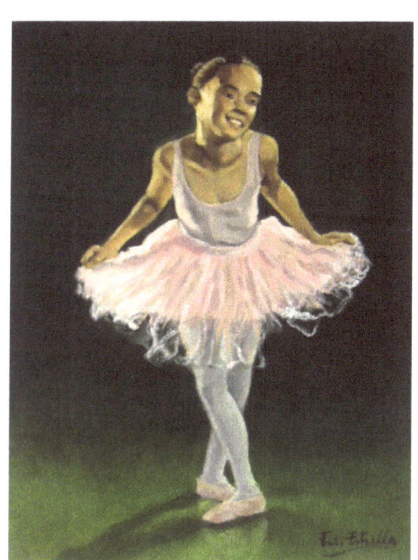
Eris Estrella

representa en parte la construcción metafórica de la historia urbana, su opción se sacraliza más hacia el propio interior de los significados que están en la forma de su coexistencia social. Pero a su vez, ella desempeña un importante papel en la comprensión de procesos culturales cuya lógica se engrana en textos que contienen diferentes voces, en los que pasado y presente, tradición y contemporaneidad intercambian sus roles.

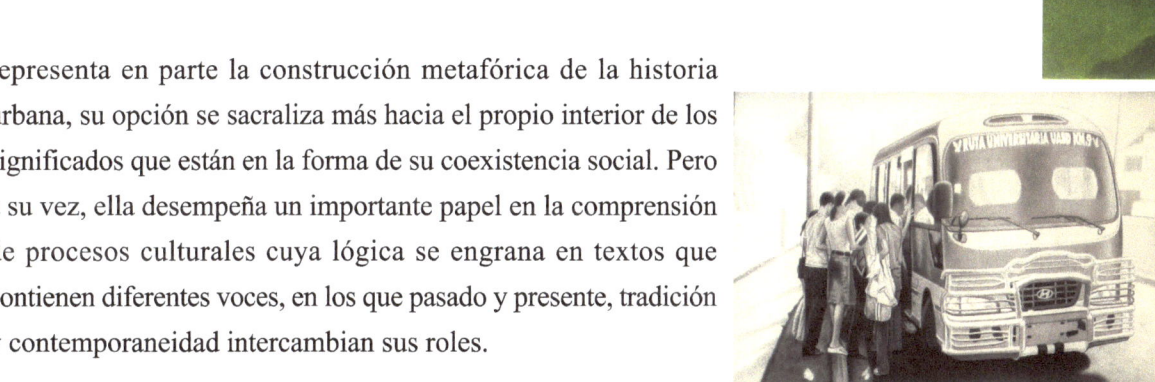
Santos Méndez

Vicente Fabré en su obra son constantes los referentes el cuerpo humano integrado al medio natural, como medio de hacer y transformar el mundo. Constituye el elemento liberador del espíritu, el mediador entre la tierra como esencia primigenia y el alma humana. La color como un elemento vital, misterioso, de gran poder, fluido dador de vida y a la vez de muerte, líquido vital que nos constituye. Y las referencias a raíces étnicas y a las culturas primitivas, elementos que como hilo conductor nos narran sin pronunciar palabra su viaje.

Gran parte de su trabajo podríamos catalogarlo como un arte ambiental en el completo sentido de la palabra. Fabre redimensiona el concepto de la pintura tradicional, llevando la obra a la naturaleza,

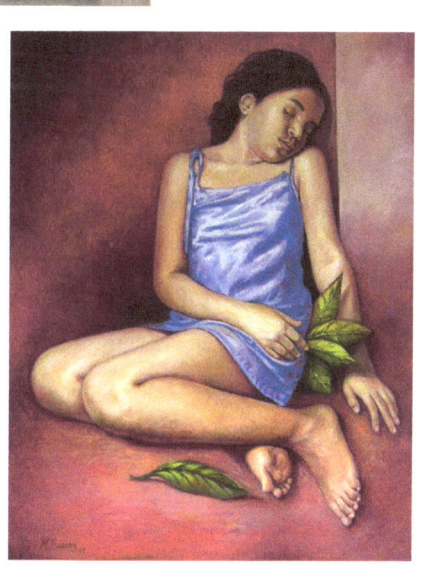
Manuel Barias

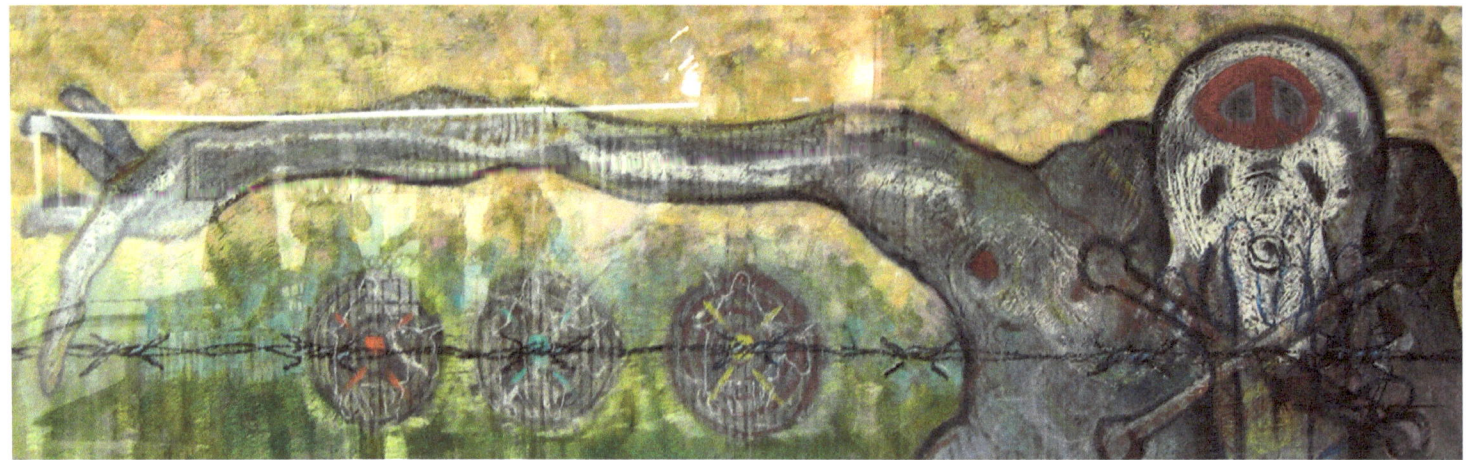

Ramon Peralta

pero como forma de fusión y no de intervención. Pepe Coronado trabaja el formato como laboratorio experimentar donde la obra parte de la vida misma y su entorno, todo es arte, la obra lo es todo. En uno sus trabajos más reciente Pepe Coronado realiza un performance donde el artista recorre las calles realizando grabados en colaboración con los espectadores, la interacción en esta obra sugiere el simple hecho de que todo es lo que le rodea al artista es parte de la obra, incluyendo la acción de realizar la obra misma.

Para Dio-genes Abreu redimensionar en un contexto ajeno, como la galería, los medios naturales como forma de atacar directamente la tradición artística o transformar la naturaleza con obras efímeras, por lo general, de modo instalatorio como medio de desafiar el mercado del arte desmaterializando la producción artística, la reinterpreta con sus propios códigos Afro-Caribeños. Entre el medio natural y las raíces que le añade como señales de su propia identidad no hay traslado, ni contradicción alguna, su propósito final es un hallazgo de orden espiritual transportando elementos propios del exterior al interior del espacio expositivo. Son estas obras una muestra

de su compromiso social, sin embargo, Dio-genes va alejándose gradualmente de esta estética sicológicamente específica a su vez que del entorno urbano, se comienza a concentrar en espacios no establecidos tradicionalmente para la creación artística y su obra va tomando una dimensión monumental. Se va transformando en un componente de mayor alcance, donde el diálogo se expande entre el espíritu y la tierra, la vida y la muerte, creando una estética de la espiritualidad física y conceptual que acompañara toda su obra para el futuro.

Hay un lugar, al borde del abismo, en el que desaparece el pasado. En el que la atracción de la nada se hace más fuerte. Y mirar hacia al frente produce un vuelco en el corazón. Ese es el lugar imaginario donde sitúan Liubov Balanutsa De Javier y Eric Genao, cada una de sus obras: entre el riesgo y la pasividad. Parece que no pasa nada, pero generan una inquietud que cuestiona nuestra propia existencia. La estética conceptual/figurativa en la obra de artistas como Rigo Peralta, Gabino Rosario, Julián Amado Ortiz Pérez, Ramón Barias, Pedro Veras y Leonardo Duran. Para el pensamiento moderno,

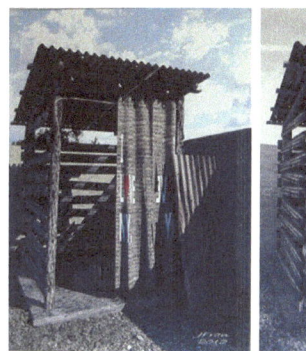
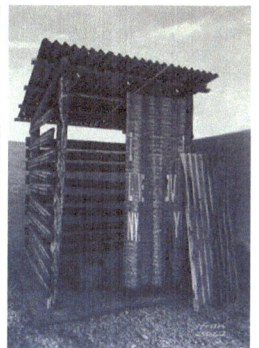

Francisco Terrero

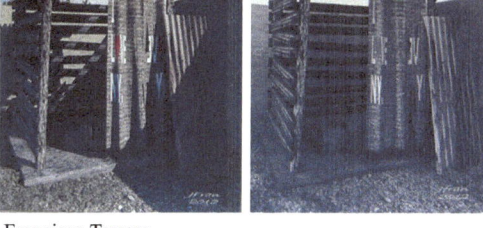

Rigo Peralta

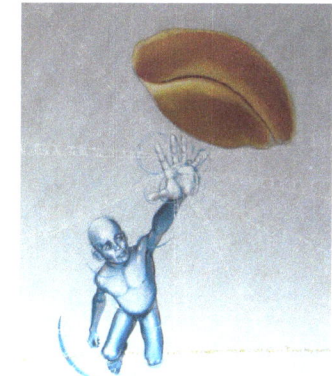

Roberto German

el pasado es sólo un referente reconocible e identificable en las nuevas circunstancias en las que se arma la obra de arte, ya que su carácter de cita es evidente, mientras que en las construcciones postmodernas se integra a un presente en un juego de intercambio citatorio de muchos textos. Pero cuando se trata de obras de arte armadas en el medio natural del diálogo del "otro" el procedimiento constructivo se inserta haciendo emerger la tradición como presente, y por ello está a medio camino entre la cita moderna y el intertexto posmoderno, al que contiene rebasándolo como procedimiento. La dialéctica intertextual en el arte de la "diferencia" se despliega como una cualidad natural, cuyas posibilidades camaleónicas son impredecibles para la creación: no hay fronteras ni límites para los préstamos, los intercambios y los disfraces. No se trata de la capacidad de la obra para incluir dentro de sí a la tradición, sino de la tradición misma desplegando sus alas.

Rigo Peralta traza el conflicto de la separación espiritual de ser, la sensación de identidad perdida entre maquinarias elementos de carácter industrial que reafirma a través de sus pinceladas personales, elemento esencial de autoreconocimiento. El multiculturalismo

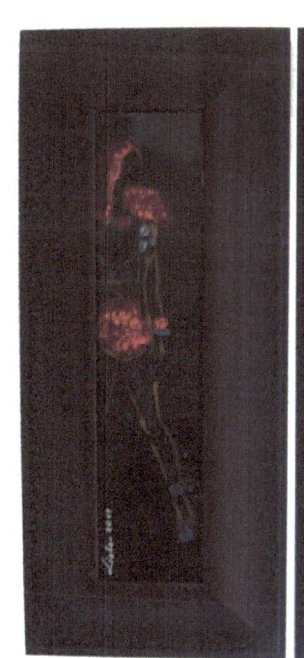
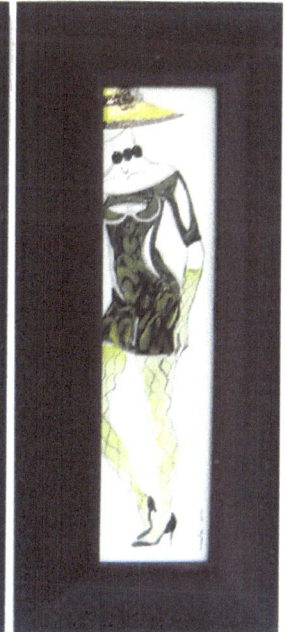

Liubov Balanutsa

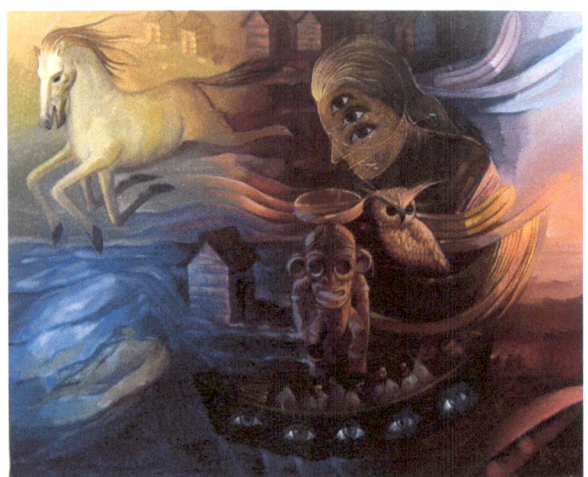
Dionicio de la Paz

Iliana Garcia

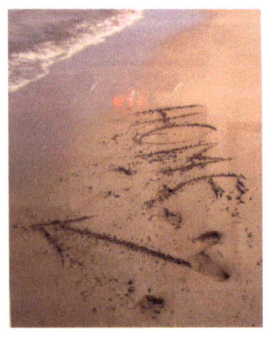

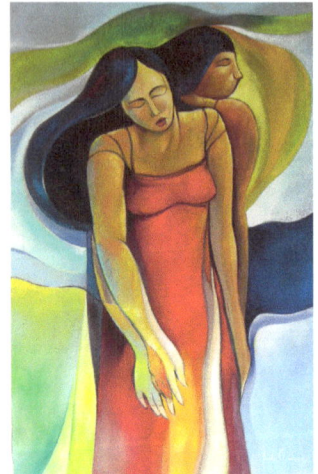
Pedro Veras

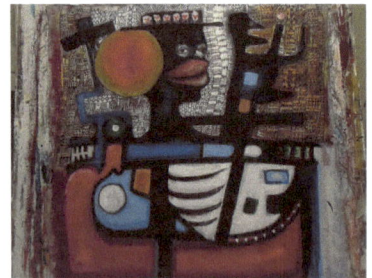
Luis Leonor

Rigo Peralta traza el conflicto de la separación espiritual de ser, la sensación de identidad perdida entre maquinarias elementos de carácter industrial que reafirma a través de sus pinceladas personales, elemento esencial de autoreconocimiento. El multiculturalismo contemporáneo encontró un terreno fértil y una nueva cartografía en el arte dominicano de este período, el cual experimenta un giro conceptual y formal en el que tienen gran importancia la procedencia simbólica, los argumentos culturales específicos y representativos en la obra de Rigo, como vehículo de búsqueda de una expresión propia que se integre a su vez a los procesos globales y a las representaciones mucho más híbridas del mundo artístico internacional. Rigo explora los fenómenos del destierro del ser humano, la complejidad de la identidad, las cuestiones de etnicidad y pertenencia cultural, esta vez en un contexto más propio y personal, en un espacio que simbólicamente le pertenece geográfica y culturalmente, sin embargo no es una limitante al alcance conceptual de estas obras, que traspasan las fronteras de la nacional para entrelazarse con ese fluido universal en el que siempre a creído y al cual pertenecemos todos. La reflexión es universal.

Se convierte en preocupación esencial la búsqueda identitaria en el imaginario cultural que la constituye como nación. Creadores como Gabino Rosario y Julián Amado Ortiz Pérez propician la construcción de un discurso artístico que dialoga y cuestiona desde esta rica cosmovisión, construyéndose la obra sobre una base sociocultural propia y utilizando a la vez técnicas de arte actual como el figurativo post-conceptual surrealista. Conjuntamente a la obra de Manuel Barias, Pedro Veras y Leonardo Duran constituyen un verdadero viaje a la imaginación. Sus pinturas marcan una transición formativa en el arte dominicano que se concentra de forma más concisa y enfocada en el cuerpo femenino y la habilidad de comunicarse a través de movimientos imaginarios, patentados por el color. Estableciendo sus espacios creativo lejos del contexto urbano y de los espacios legitimados. Estos cuadros de carácter efímero, en ciertos casos documentados, son la expresión de la más completa incorporación al medio natural. Sus obras se complementan en este sentido con los materiales que usan.

Pero a su vez, algunos componentes del contexto social se convierten en el principal protagonista de la obra: un estado de sensibilidad, una forma de reflexión, el humor, la práctica ideológica, el género o el arte vertido hacia el contexto. Cada uno de estos elementos se presenta como protagonistas que resumen diálogos intensos de la vida diaria. Ellos constituyen el principal significado de la obra, sostenidos en un juego entre texto verbal imaginario e imagen, cuyo mayor atractivo descansa en la posibilidad de armonizar elementos que serían ignorados en otras construcciones artísticas. De esta manera, se produce un enlace entre la cultura cotidiana, en todas sus formas

de folclore urbano -imaginarios, rituales, hábitos y costumbres, y el artista que la ilustra a través de su creación, comportándose como un portador natural de un saber social que se vive como presente. Los hábitos y las costumbres, han sido potenciados por parte del arte dominicano de los últimos veinte años desde una perspectiva estética, a partir de diferentes enfoques y tratamientos formales.

La vida espacial de esos componentes de la cultura cotidiana Latinoamericana y Caribeña, han cobrado sentido, corporizando una subjetividad que asoma en cualquier espacio, bajo cualquier circunstancia, quizás por eso es tan significativo para los dominicanos su arte. Otros artistas que en mi opinión han contribuido también a fomentar el desarrollo del Nuevo Arte Dominicano y su trabajo no a sido analizado en este ensayo son: Julio Valdez, German Pérez, Félix Berroa, Chiqui Mendoza, Inés de Tolentino, Jorge Pineda, Belkis Ramírez, Raúl Morilla, Iris Pérez, Rosa Tavares, José Félix Moya, Moses Ros Suárez, Juan King, July Monción,

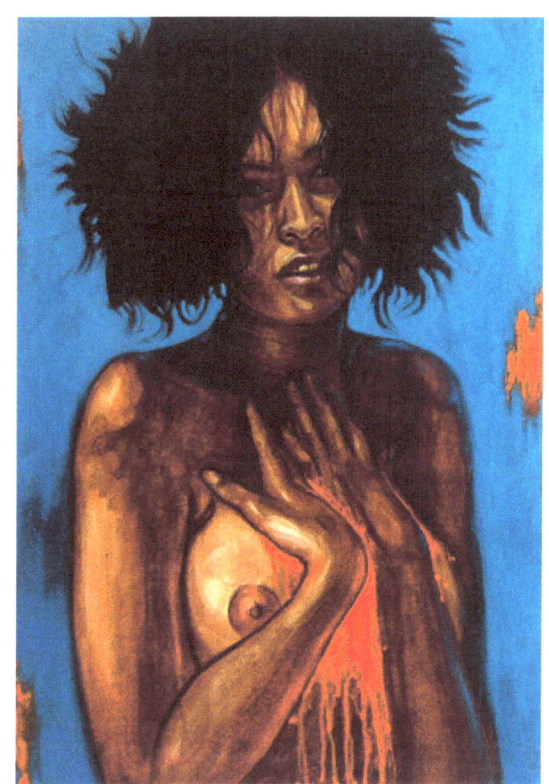

Edward Reyes

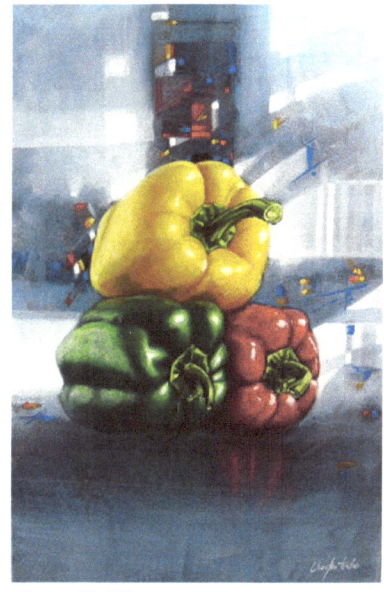

Oreste Toribio

19

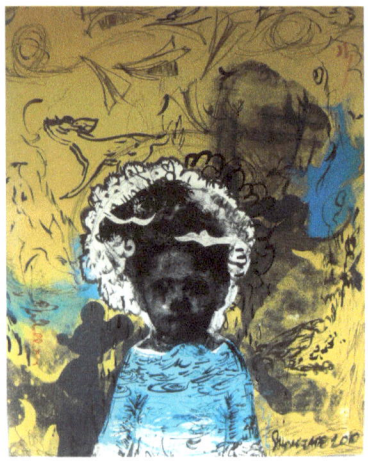

Echerizade Garcia

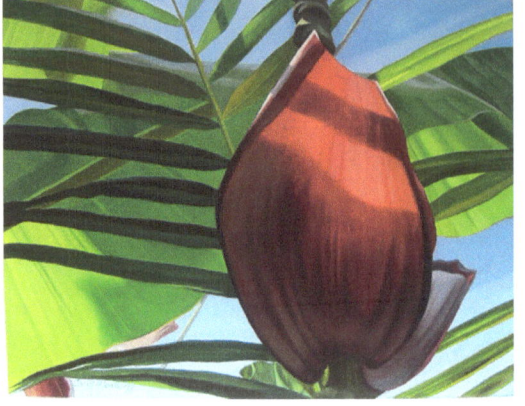

Carlos Montesino

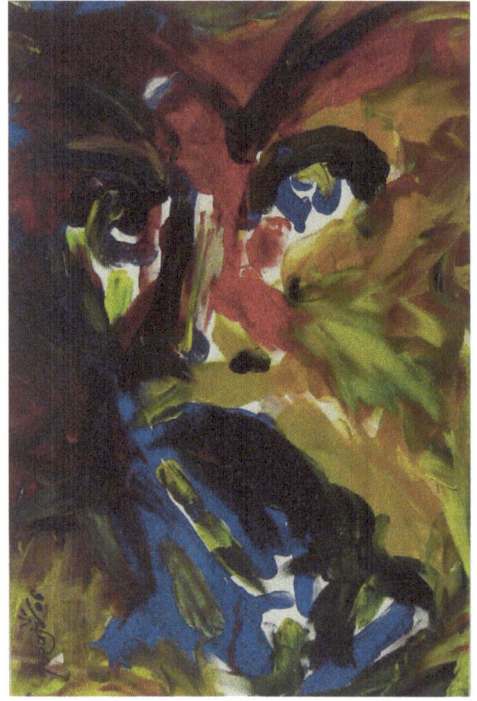

Juan Tiburcio

Alicia Gullón, Juan Trinidad, Máximo Caminero entre otros artistas. La línea antropológica del Nuevo Arte Dominicano da cabida a un grupo de artistas cuya opción creativa reafirma, entre otros factores, al espacio en su carácter de sujeto cultural, ya que no se trata de aquellas cualidades que históricamente lo identifican como un marco referencial o contextual, sino de una localidad portadora de sensibilidades. Esa sensibilidad subsiste en la égida de las tensiones entre lo local y lo global. Los comportamientos, las celebraciones, los hábitos y las costumbres, son las formas vivas de la cultura que nos acercan al pulso íntimo de la etnográfica. Las imágenes que son componentes activos de ese pulso, van guardando historias que dejan asomar a la identidad, fundiéndose con ella en un mismo cuerpo, trampeándole o siéndole fiel, pero sin abandonarla jamás.

Pepe Coronado

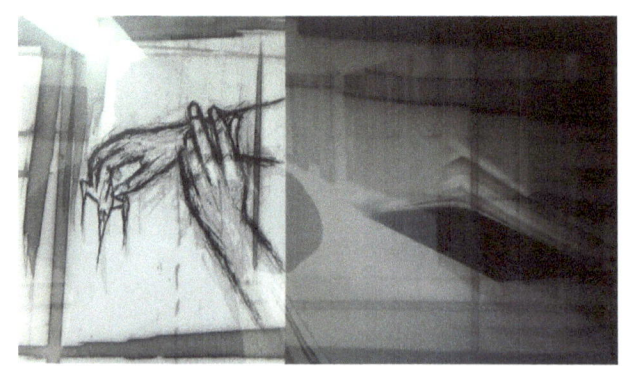

Ismael Checo

Aquí ofrezco una exhibición histórica uniendo las fuerzas artísticas de la Faculta de arte de la Universidad Autónoma de Santo Domingo y la Diáspora de los Artista Dominicanos residente en los Estados unidos.

Esta exhibición fue creada para reforzar la conexión entre los artistas de aquí y los artistas en la Isla Quisqueyana y contiene una variedad de temas como; figuras, Bodegones, paisajes, abstracción y temas creativos.

Agradezco la colaboración de Carlos Sánchez Comisionado de Cultura Dominicana en los Estado Unidos, Gregorio Gómez presidente de la Asociación de profesores de la faculta de arte en la (UASD), y Leonardo Duran coordinador de exhibición, A José Hernández director del departamento de arte en el Boricua College (Manhattan Campus)

Además les doy las gracias a los artistas en los Estados Unidos por apoyar este proyecto para el beneficio de la comunidad Dominicana en el exterior.

Con la reputación de estos artistas que continua creciendo cada día es motivo de celebrar con la clausura en el restaurant 809 del alto Manhattan.

Gracias

Ismael Checo

Presidente del grupo de artistas

Colectivo de Artistas Visuales Dominico-Americano

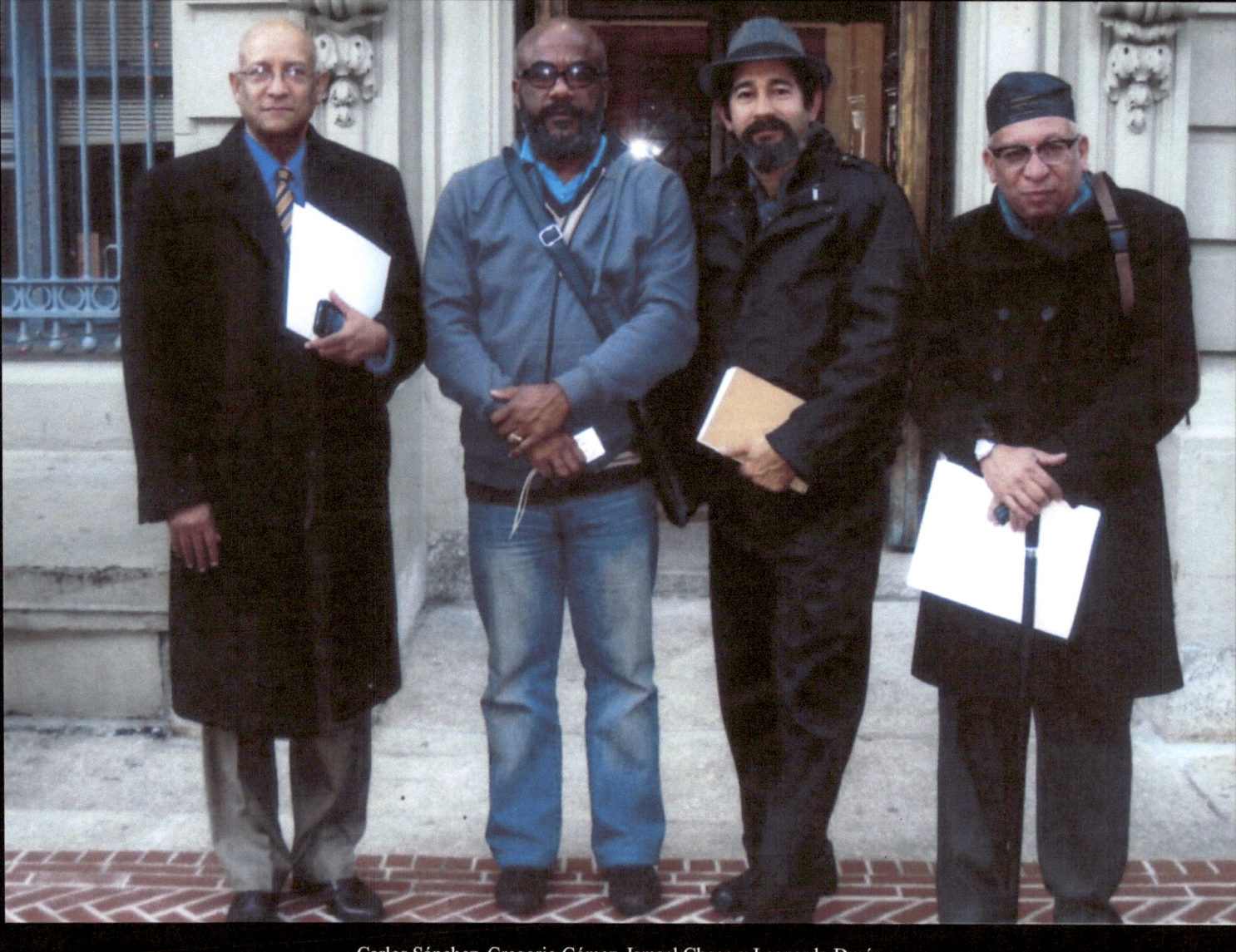

Carlos Sánchez, Gregorio Gómez, Ismael Checo y Leonardo Durán

Agradecimientos:

Lic. José Rafael Lantigua
Ministro de Cultura Rep. Dominicana

Lic. Carlos Sánchez
Comisionado de Cultura Dominicana en Estados Unidos

Mtro. Mateo Aquino Febrillet
Rector Universidad de Santo Domingo

Mtra. Maria del Pilar Domingo
Decana Facultad de Artes (UASD)

Mtro. Gregorio B. Gómez
Presidente Asociación de profesores Faculta de Artes / (UASD)
Coordinador de "NEXOS"

Ismael Checo
Presidente Colectivo Artistas Visuales Dominico-Americanos
Coordinador "NEXOS" en Esrados Unidos

Dr. Odalis Pérez Nina
Conferencista y panelista

Lic.Alexis Mendoza / Olga Espinal
Críticos de Artes

Créditos:
Diseño: Eris Estrella, Fotogragia: Ismael Checo / Eris Estrella.

Ismael Checo
artcheco@aol.com
Todos derechos reservados conforne a la ley

ISBN-13: 978- 1516810559
ISBN-10: 1516710554
Ismael Checo 2015 Astoria, NY.

www.ingramcontent.com/pod-product-compliance
Lightning Source LLC
Chambersburg PA
CBHW050427180526
45159CB00005B/2446